Les arbres

Bobbie Kalman et Kathryn Smithyman

Illustrations : Barbara Bedell

Traduction : Lyne Mondor

Les arbres est la traduction de *The Life Cycle of a Tree* de Bobbie Kalman et Kathryn Smithyman (ISBN 0-7787-0689-3).
© 2002, Crabtree Publishing Company, 612 Welland Ave., St. Catherines, Ontario, Canada L2M 5V6

Catalogage avant publication de Bibliothèque et Archives Canada

Kalman, Bobbie, 1947-

    Les arbres

    (Petit monde vivant)
    Traduction de: The life cycle of a tree.
    Pour enfants de 6 à 10 ans.

    ISBN 2-89579-052-3

1. Arbres - Cycles biologiques - Ouvrages pour la jeunesse. 2. Arbres - Ouvrages pour la jeunesse. I. Smithyman, Kathryn. II. Bedell, Barbara.
III. Titre. IV. Collection: Kalman, Bobbie, 1947-   . Petit monde vivant.

QK475.8.K35314 2005   j582.16   C2005-940821-9

Nous reconnaissons l'aide financière du gouvernement
du Canada par l'entremise du Programme d'aide au
développement de l'industrie de l'édition (PADIÉ)
pour nos activités d'édition.

Conseil des Arts   **Canada Council**
du Canada   **for the Arts**

Bayard Canada Livres remercie
le Conseil des Arts du Canada du soutien
accordé à son programme d'édition dans
le cadre du Programme des subventions globales aux éditeurs.
Cet ouvrage a été publié avec le soutien de la SODEC.
Gouvernement du Québec – Programme de crédit d'impôt
pour l'édition de livres – Gestion SODEC.

Dépôt légal – 3ème trimestre 2005
Bibliothèque nationale du Québec
Bibliothèque nationale du Canada

Direction : Andrée-Anne Gratton
Traduction : Lyne Mondor
Graphisme : Richard Bacon
Révision : Marie Théorêt

© Bayard Canada Livres inc., 2005
4475, rue Frontenac
Montréal (Québec)
Canada H2H 2S2
Téléphone : (514) 844-2111 ou 1 866 844-2111
Télécopieur : (514) 278-3030
Courriel : redaction@bayardjeunesse.ca

Imprimé au Canada

Sur le site Internet :

www.petitmondevivant.ca

Fiches d'activités pédagogiques
en lien avec tous les albums
des collections Petit monde vivant
et Le Raton Laveur

Catalogue complet

Table des matières

Qu'est-ce qu'un arbre ?

Un arbre est un être vivant. C'est un très grand végétal. Comme tous les végétaux, les arbres fabriquent eux-mêmes leur nourriture à partir de la lumière, de l'air et de l'eau. La forme, la taille et la couleur des arbres sont très variables. Mais leurs parties essentielles sont les mêmes.

Les parties de l'arbre

Tous les arbres ont un tronc, des branches, des feuilles et des racines. Le tronc transporte la nourriture, c'est-à-dire l'eau et les nutriments, des racines jusqu'aux branches. Le tronc transporte aussi la nourriture fabriquée par les feuilles vers les autres parties de l'arbre. Même si, d'une espèce à l'autre, les parties de l'arbre ont un aspect différent, elles jouent le même rôle.

Pour fabriquer de la nourriture, les feuilles absorbent la lumière du soleil.

Les racines fixent l'arbre solidement dans le sol. Elles puisent également dans la terre l'eau et les nutriments qui servent à nourrir l'arbre.

Deux groupes d'arbres

Il existe deux principaux groupes d'arbres : les conifères et les arbres à feuilles. Les conifères sont des arbres pourvus de feuilles en forme d'aiguilles ou d'écailles. On appelle ces arbres des conifères parce qu'ils portent des cônes. Le pin, l'épinette et le sapin sont des conifères. Les arbres à feuilles, aussi appelés feuillus, portent des feuilles larges et plates pourvues de nervures. Le pommier, le chêne et l'érable sont des feuillus.

Où poussent les arbres ?

Les arbres poussent presque partout dans le monde, excepté dans le Grand Nord, en Antarctique et dans les déserts. Chaque espèce d'arbre pousse dans un habitat particulier. Un habitat est une région caractérisée par des conditions particulières d'ensoleillement et de précipitations, et ayant un certain type de sol. Les forêts, les marécages, le flanc des montagnes et les déserts sont des habitats.

Les forêts tropicales humides sont des habitats luxuriants. L'air chaud et humide fournit des conditions favorables à la croissance de plusieurs espèces d'arbres.

Les arbres sont incapables de croître au sommet de très hautes montagnes. La température y est trop froide et la pluie n'y est pas assez abondante.

Les cyprès poussent dans les marécages. Leur base conique contribue à les rendre plus stables. Elle peut également les aider à respirer.

La vie au grand froid

Dans les régions caractérisées par des journées d'hiver courtes et froides, les feuillus perdent leurs feuilles. À l'approche de l'hiver, les feuilles changent de couleur et finissent par tomber. En se débarrassant de leurs feuilles, les arbres économisent leur énergie. Cela les empêche également de se dessécher. Sans feuilles, les arbres deviennent inactifs et entrent en période de dormance jusqu'au printemps. Les arbres qui perdent leur feuillage durant la saison froide sont des arbres à feuilles caduques.

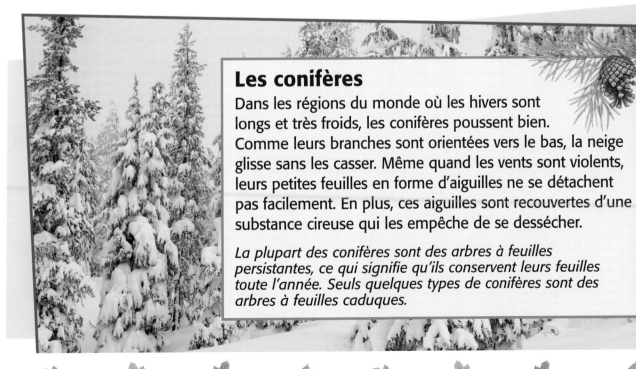

Les conifères

Dans les régions du monde où les hivers sont longs et très froids, les conifères poussent bien. Comme leurs branches sont orientées vers le bas, la neige glisse sans les casser. Même quand les vents sont violents, leurs petites feuilles en forme d'aiguilles ne se détachent pas facilement. En plus, ces aiguilles sont recouvertes d'une substance cireuse qui les empêche de se dessécher.

La plupart des conifères sont des arbres à feuilles persistantes, ce qui signifie qu'ils conservent leurs feuilles toute l'année. Seuls quelques types de conifères sont des arbres à feuilles caduques.

Qu'est-ce qu'un cycle de vie ?

Tous les êtres vivants traversent une série de changements qu'on appelle un cycle de vie. L'arbre commence sa vie sous la forme d'une graine. La graine se développe et se transforme jusqu'à ce qu'elle devienne un grand arbre. Certains arbres ont une croissance plus rapide que d'autres. Toutefois, tous les arbres prennent plusieurs années pour devenir matures. Les arbres matures produisent des graines. Quand ces graines commencent à se développer, un nouveau cycle de vie commence.

L'espérance de vie

L'espérance de vie d'un arbre est la durée moyenne de sa vie, selon son espèce. Certains arbres peuvent vivre plusieurs siècles. Quelques-uns, comme le séquoia géant montré à gauche, ont une espérance de vie de plusieurs millénaires.

Le cycle de vie d'un arbre

Le cycle de vie de l'arbre débute quand la graine commence sa croissance. Cette étape est la germination. Quand la graine développe une minuscule racine et une tige, elle se transforme en germe. Quand ce germe grandit et qu'il forme des feuilles et des branches, il devient un jeune arbre.

La tige du jeune arbre commence à prendre la consistance du bois. Des branches et des feuilles continuent de se former. La croissance du jeune arbre se poursuit pendant plusieurs années avant qu'il devienne un arbre mature. Quand l'arbre atteint sa maturité, il peut produire des graines qui pourront elles aussi devenir des arbres.

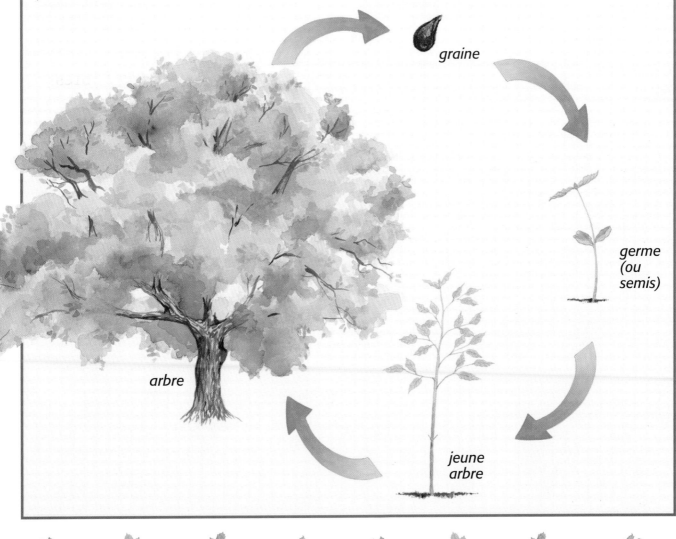

graine

germe
(ou
semis)

jeune
arbre

arbre

À partir d'une graine

Peu importe la taille qu'ils peuvent atteindre, tous les arbres commencent leur vie sous forme de graine. La graine renferme un embryon, c'est-à-dire un arbre minuscule à l'état d'ébauche. Elle contient également une réserve de nourriture. Cette réserve alimente l'embryon jusqu'à ce qu'il fabrique lui-même sa nourriture. Les graines ne commencent pas toujours à pousser immédiatement.

Pour entreprendre leur germination, elles ont besoin d'une certaine quantité d'eau et de chaleur. Les graines restent dormantes jusqu'à ce que toutes les conditions leur permettant de pousser soient réunies. Beaucoup de graines sont assez résistantes pour survivre à plusieurs mois de **sécheresse** ou de froid. Certaines peuvent même rester dormantes pendant plusieurs années !

La germination

Quand les conditions le permettent, la graine commence à absorber de l'eau à travers un minuscule orifice situé sur son enveloppe. La germination est déclenchée ! Selon sa taille, la graine prend des jours ou des mois pour terminer sa germination.

②

radicule

La première racine de l'embryon s'appelle la radicule. Elle se fraye un passage à travers la fissure de l'enveloppe de la graine, puis elle s'enfonce dans la terre. La minuscule racine maintient la graine en place durant sa croissance. Elle pousse vers le bas pour trouver de l'eau. Cette toute petite racine deviendra la racine principale de l'arbre.

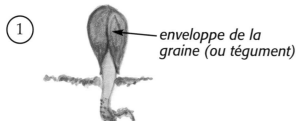

① *enveloppe de la graine (ou tégument)*

En absorbant de l'eau, le minuscule embryon se gonfle jusqu'à ce que son enveloppe rigide se fissure.

Des plantes qui aiment la chaleur !

Les incendies de forêt créent des conditions favorables à la germination de certains types de graines. Dans les forêts, il arrive que les nouvelles plantes manquent de soleil et d'espace pour croître. Les incendies font alors de la place à une nouvelle génération de végétaux. Chez certaines espèces de conifères, seule la chaleur du feu parvient à ouvrir les cônes d'où les graines peuvent ensuite s'échapper. Chez d'autres espèces, l'enveloppe des graines a besoin de la chaleur du feu pour se fissurer.

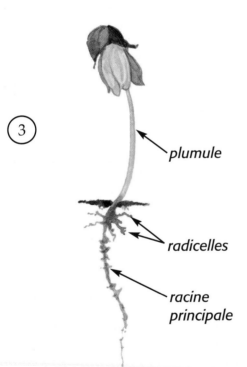

③

plumule

radicelles

racine principale

④

feuilles germinales ou cotylédons

enveloppe de la graine

La première pousse du germe est la plumule. Elle pousse vers le haut à la recherche de lumière. Les racines en forme de petits filaments sont des radicelles. Elles poussent à partir de la racine principale. Avec le temps, elles grandissent et s'étendent pour former un réseau de racines.

Finalement, les premières feuilles germinales, appelées cotylédons, se frayent un chemin pour sortir de l'enveloppe de la graine. L'enveloppe finit par tomber. Courtes et épaisses, les feuilles germinales ne ressemblent pas à celles de l'arbre adulte. Elles renferment la nourriture nécessaire à la croissance de la minuscule plante.

Du germe au jeune arbre

Une fois que la graine a germé et que des feuilles germinales sont apparues, la minuscule plante qui en résulte est appelée un germe. Ce germe utilise la nourriture provenant de ses feuilles germinales. Il grandit rapidement. D'ailleurs, une nouvelle pousse apparaît bientôt entre les feuilles germinales. Cette tige étroite deviendra le tronc de l'arbre. Après quelques semaines, les premières vraies feuilles du germe commencent à se développer sur la tige. Les vraies feuilles ont la même forme que celles de l'arbre adulte, mais elles sont plus petites.

Petit et vert

Durant l'été, le germe devient plus grand et plus robuste. Plusieurs feuilles poussent sur sa tige. Vers la fin de l'été, le germe cesse de croître. Il mesure environ 30 centimètres. Il poursuivra sa croissance au printemps suivant.

La photosynthèse

L'arbre fabrique sa propre nourriture par le processus de photosynthèse. Le mot « photosynthèse » vient de deux mots : photo, qui signifie « lumière », et synthèse, qui signifie « association ». En utilisant la lumière du soleil, l'arbre fabrique sa propre nourriture à partir de l'association de l'eau et du gaz carbonique. Les vraies feuilles sont les seules à pouvoir fabriquer de la nourriture.

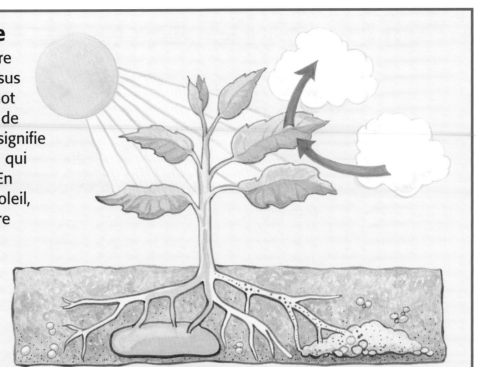

Ce ne sont pas tous les germes qui deviendront de jeunes arbres. Ce germe de bouleau a poussé dans la fissure d'un rocher. Ses racines ne pourront sans doute pas s'étendre suffisamment pour supporter le jeune arbre.

Sur la bonne voie

Après quelques années, le jeune arbre ressemble à une version miniature de l'arbre adulte. Généralement, les jeunes arbres mesurent un ou deux mètres de haut. Leur tige s'est transformée en tronc. Ce tronc porte plusieurs branches et leurs feuilles.

Croître en hauteur et en largeur

La croissance du jeune arbre se produit principalement durant le printemps et l'été. L'arbre croît en hauteur et en largeur. Son tronc, ses racines et ses branches se développent. En conséquence, l'arbre s'élève et prend de l'envergure. Au fur et à mesure qu'il pousse, l'arbre devient de plus en plus lourd. Pour supporter tout ce poids, le tronc, les racines et les branches doivent devenir plus épais et résistants.

Grand et large

Jusqu'à environ 1,2 mètre de profondeur, le sol contient beaucoup de nutriments. Les racines de l'arbre s'installent généralement dans cette section du sol. Pour former une base solide, les racines ont tendance à s'étendre horizontalement plutôt qu'à s'enfoncer dans le sol. Une base évasée empêche l'arbre de tomber durant sa croissance.

Le développement des branches

De petites tiges apparaissent sur les branches. Ce sont des rameaux. Tous les printemps, un bourgeon terminal se développe à l'extrémité de chaque rameau. De ce bourgeon sortira une pousse qui permettra à l'arbre de se développer en longueur. Le bourgeon terminal renferme également des feuilles. Pour leur part, les bourgeons latéraux poussent de chaque côté du rameau. Ils permettent aux rameaux de croître en largeur.

bourgeon terminal

bourgeons latéraux

Grâce au bourgeon terminal, la branche se développe en longueur. Les rameaux situés de chaque côté de la branche se développent à partir des bourgeons latéraux.

La couronne

Le jeune arbre s'accroît en hauteur, en développant surtout la partie supérieure de son tronc. Toutefois, comme ses branches ne se développent pas aussi rapidement que son tronc, l'arbre prend une forme conique. Les conifères conservent habituellement cette forme, mais pas les feuillus. À maturité, les feuillus cessent de croître en hauteur. Ce sont plutôt leurs branches qui se développent. Elles deviennent plus longues et plus fournies. La couronne, c'est-à-dire la cime de l'arbre, prend alors une forme plus arrondie.

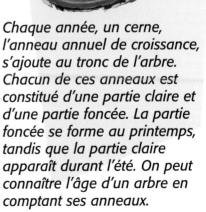

Chaque année, un cerne, l'anneau annuel de croissance, s'ajoute au tronc de l'arbre. Chacun de ces anneaux est constitué d'une partie claire et d'une partie foncée. La partie foncée se forme au printemps, tandis que la partie claire apparaît durant l'été. On peut connaître l'âge d'un arbre en comptant ses anneaux.

Les arbres matures

Un arbre est mature quand il peut fabriquer des graines lui permettant de se reproduire. Pour fabriquer des graines, les arbres produisent des fleurs. Selon l'essence de l'arbre, les fleurs ont une forme, une taille et des couleurs différentes. La plupart des feuillus produisent des fleurs colorées, appelées *inflorescences*. Certains arbres portent des fleurs minuscules rassemblées en bouquets. D'autres, comme l'érable montré à gauche, portent des fleurs en grappes pendantes.

L'intérieur de la fleur

Certaines parties des fleurs sont spécialement conçues pour fabriquer des graines. La plupart des feuillus portent des fleurs réunissant tous les éléments nécessaires à la reproduction. Les fleurs montrées ici ont des étamines produisant le pollen. À l'intérieur de ces fleurs se trouvent de minuscules ovules, qui fabriqueront des graines à l'aide du pollen. D'autres espèces de feuillus portent deux sortes de fleurs : des fleurs mâles qui produisent du pollen et des fleurs femelles qui contiennent des ovules.

Les étamines produisent des grains de pollen minuscules et collants.

Les ovules, qui sont cachés dans l'ovaire situé à la base du pistil, forment les graines.

Pour capturer le pollen, les fleurs de pin femelles poussent verticalement sur les branches.

Les « fleurs » des conifères

Comme certains feuillus, les conifères matures portent des fleurs mâles et femelles. Toutes les fleurs mâles produisent du pollen. Et toutes les fleurs femelles sont conçues pour en capturer. Les fleurs des conifères sont formées des mêmes parties que celles des feuillus. Pourtant, ce ne sont pas de véritables fleurs. Les vraies fleurs portent leurs ovules à l'intérieur, alors que les fleurs des conifères les portent à l'extérieur.

La pollinisation

Les abeilles volent de fleur en fleur à la recherche de nectar. Quand elles frôlent les étamines d'une fleur, leur corps se charge de pollen. Quand elles butinent une autre fleur, leur corps enduit de pollen effleure le pistil de cette fleur. La pollinisation a alors des chances de survenir.

Pour produire des graines, les fleurs passent par le processus de pollinisation. La pollinisation est le transport du pollen d'une fleur à une autre. Pour que la **fécondation** soit possible, le pollen doit provenir d'un arbre de la même essence que celui d'où provient la fleur. Le pollen peut être dispersé de plusieurs manières.

Les animaux pollinisateurs

Les insectes et les oiseaux qui se déplacent de fleur en fleur favorisent la pollinisation des arbres. Ce sont des animaux pollinisateurs. Ils sont attirés par les fleurs parfumées aux couleurs vives contenant un liquide sucré : le **nectar**. Les pollinisateurs se nourrissent de ce liquide. Chaque fois qu'ils sucent le nectar, leur corps frôle le pollen de la fleur. Les grains de pollen collent à leur corps. Les pollinisateurs transportent ensuite ce pollen vers d'autres fleurs.

Le transport par le vent

Pour répandre leur pollen, les conifères dépendent du vent, tout comme certains feuillus portant des fleurs en grappes. Les fleurs des conifères ne sont ni parfumées ni colorées, car elles n'ont pas besoin d'attirer des animaux pour assurer leur pollinisation. Elles ont cependant une forme qui permet au vent d'emporter facilement le pollen de la fleur mâle vers la fleur femelle.

Les fleurs d'un même conifère ne peuvent pas se féconder entre elles. Pour que la pollinisation ait lieu, le pollen d'un conifère doit atteindre la fleur d'un autre arbre de la même espèce.

L'apparition des graines

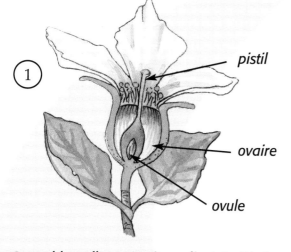

① pistil

ovaire

ovule

Quand le pollen atterrit sur l'extrémité du pistil, un tube se forme et descend jusqu'à l'ovaire. Le pollen glisse dans ce tube et pénètre dans l'ovaire. Il féconde ensuite les ovules, qui se transformeront en graines.

Après la pollinisation, une graine se forme à l'intérieur de la fleur. Au fur et à mesure que cette graine se développe, la fleur subit une série de transformations. L'ovaire se développe autour de la graine et se transforme en étui protecteur. En fait, cet étui est le fruit.

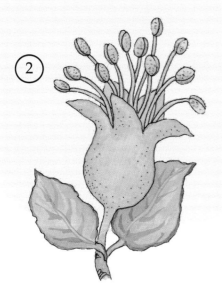

②

Les pétales de la fleur tombent et les étamines se flétrissent. L'ovaire grossit au fur et à mesure que les graines se forment à l'intérieur des ovules.

③

L'ovaire poursuit son développement. Pour protéger les graines se trouvant à l'intérieur, la paroi de l'ovaire s'épaissit.

④

Cette partie de la pomme résulte du développement de l'ovaire.

Le fruit

Quand les gens pensent à un fruit, ils imaginent généralement une chose tendre, juteuse et délicieuse. Pourtant, les fruits ne sont pas tous juteux ni même bons à manger ! Un fruit est en fait la partie de l'arbre qui contient les graines. Certains fruits sont constitués d'une coque dure abritant une graine. C'est ce que nous appelons des noix. D'autres fruits sont secs et ont la texture du papier, comme les ailes de la **disamare** de l'érable.

Au fur et à mesure que les graines du conifère grossissent, les fleurs femelles durcissent et se transforment en cônes. Les cônes du pin restent fermés jusqu'à ce que les graines se forment.

Certains fruits charnus, comme cette prune, contiennent une seule graine, appelée « noyau ». D'autres, comme la pomme, en ont plusieurs, appelées « pépins ».

Au fur et à mesure que les graines se développent, le cône du pin passe du vert au brun et prend la consistance du bois.

Curieusement, le fruit de la noix est sa coque dure. La graine est la partie de la noix que nous mangeons.

La disamare de l'érable abrite deux graines.

Les cônes du sapin de Douglas renferment des graines ailées. Les ailes dépassent le bout des écailles du cône.

Les graines en mouvement

Quand un oiseau, tel ce perroquet, mange des baies, il avale aussi les graines de ces fruits. Lorsque l'oiseau produit une fiente, il expulse les graines du même coup.

Certains animaux, comme les écureuils, enfouissent des noix dans le sol. Quand les noix restent sous terre assez longtemps, leurs graines ont des chances de germer.

Pour commencer à se développer, les graines doivent toucher le sol. Après leur germination, elles ont besoin de lumière et d'espace afin de poursuivre leur croissance. Les branches des arbres adultes bloquent cependant les rayons du soleil. De plus, leurs racines puisent beaucoup d'eau et de nutriments dans le sol. Pour ces raisons, les graines doivent se disséminer, c'est-à-dire s'éloigner suffisamment de leurs parents. Leurs chances de se développer augmentent ainsi.

Les fruits et les noix

La dissémination des graines contenues dans les fruits et dans les noix est assurée par les animaux qui s'en nourrissent. Quand un animal mange un fruit, il en avale parfois les graines. Ces petites graines transitent dans le corps de l'animal et sont ensuite rejetées en même temps que ses déjections. Cela se produit souvent très loin l'arbre qui portait le fruit. Quand les graines tombent au sol, elles peuvent se développer.

Partir avec le vent

Certains feuillus, comme les érables, produisent des graines qui peuvent facilement être transportées par le vent. Quand les graines d'un érable arrivent à maturité, la disamare qui les contient se détache de l'arbre. Grâce à ses ailes en forme d'hélice, la disamare ne tombe pas directement sur le sol. Elle s'envole et se laisse porter par le vent. Quand elle touche enfin le sol, elle est parfois très loin de l'arbre qui la portait.

S'envoler à partir d'un cône

Quand un cône s'ouvre et laisse échapper ses graines une journée où il n'y a pas de vent, les graines atterrissent au pied de l'arbre. Ces graines ont peu de chances de germer. À l'inverse, quand un cône libère ses graines par une journée de grand vent, celles-ci peuvent être transportées loin de l'arbre. Cela augmente leurs chances de se développer.

Dans la forêt

Dans la nature, les arbres ne sont habituellement pas isolés. Dans les régions situées loin des villes, des banlieues et des fermes, les arbres poussent dans les forêts, qui abritent un grand nombre d'animaux et de végétaux. Plus de la moitié de toutes les espèces animales et végétales de la planète vivent dans les forêts. Les animaux des forêts dépendent les uns des autres pour survivre. Ils ont également besoin des arbres et des autres végétaux. Ensemble, ils forment des **chaînes alimentaires**. Certains animaux se nourrissent de feuilles, d'écorce, de sève, de fleurs et de fruits provenant des arbres. Ces animaux peuvent ensuite se faire dévorer par d'autres créatures.

Enrichir la forêt

Même après sa mort, l'arbre est utile aux autres êtres vivants de la forêt. Un arbre mort absorbe l'eau et pourrit lentement. Sur cette matière en décomposition, les fougères, les champignons, les mousses et les germes poussent naturellement. Plusieurs insectes vivent dans les arbres en décomposition, et plusieurs oiseaux se nourrissent d'insectes. Souvent, quand un arbre mort tombe sur le sol, il se transforme en abri pour les crapauds, les vers, les salamandres, les couleuvres et les coléoptères.

La formation d'une forêt

Les forêts se forment lentement, parfois en plusieurs centaines d'années. Les premiers arbres à s'y implanter ont besoin de beaucoup d'espace et de lumière. Ces arbres font partie des espèces pionnières. Avec le temps, les graines des arbres préférant les sites ombragés finissent par prendre racine auprès des arbres pionniers. Au fur et à mesure que de nouvelles espèces d'arbres poussent, les animaux viennent construire leur abri dans la forêt.

Les forêts abritent plusieurs espèces d'arbres se trouvant à différentes étapes de leur cycle de vie.

Quand on campe en plein air, il faut demander au garde forestier s'il est permis d'allumer un feu de camp. Par temps sec, les feux sont parfois interdits. S'ils sont autorisés, il faut les allumer seulement aux endroits appropriés ou prévus à cet effet.

Les arbres en danger

Plusieurs dangers guettent les arbres, comme les insectes ravageurs, les incendies de forêt et les maladies. Toutefois, la plus grande menace pesant sur les arbres et les forêts provient des activités humaines.

Les pluies acides

Les pluies acides endommagent les forêts de l'Amérique du Nord et de l'Europe. Elles surviennent lorsque la pollution de l'air, engendrée par les voitures et les usines, se mêle à l'eau des nuages. Cette eau retombe ensuite sous forme de pluie ou de neige. Les pluies acides endommagent les feuilles des arbres et provoquent leur chute. Incapables de fabriquer leur nourriture, les arbres dépourvus de feuilles meurent. Les pluies acides empoisonnent aussi la terre entourant les racines des arbres. En conséquence, les arbres âgés dépérissent et les nouveaux arbres sont incapables de prendre racine.

Les longicornes asiatiques constituent une menace pour les arbres de Chicago et de New York. Ces insectes ont fait leur apparition en Amérique du Nord par l'entremise de marchandises provenant d'Asie. Or, en Amérique, ils n'ont aucun ennemi naturel. Ils mangent les arbres, mais aucun prédateur ne les attaque.

La disparition des forêts

Les êtres humains ont rasé plus de la moitié des forêts de la planète. Les forêts continuent de disparaître. Chaque seconde, une étendue de la taille d'un terrain de football est rasée ! En Amérique du Nord, il reste très peu de **forêts matures**. En Amérique du Sud, d'immenses étendues de forêt tropicale sont rasées chaque jour. Les terres ainsi obtenues servent à l'élevage du bétail et à la construction.

Lorsqu'une forêt est rasée, tous les végétaux qui s'y trouvent sont abattus ou brûlés même si seulement quelques arbres sont utilisés. La disparition de grandes étendues de forêt modifie la température et la quantité de précipitations de la région. Parfois, cela affecte même d'autres régions de la planète. La zone rasée peut se transformer en un désert où les animaux et les végétaux sont incapables de vivre.

Certaines entreprises d'exploitation forestière font des coupes sélectives. Elles abattent seulement les arbres matures afin de permettre aux plus jeunes d'achever leur croissance. D'autres entreprises pratiquent le reboisement, c'est-à-dire qu'elles plantent de nouveaux arbres. Toutefois, ces arbres n'arrivent à maturité que plusieurs années plus tard. De plus, les zones reboisées n'abritent pas autant d'espèces d'arbres que les forêts naturelles.

Des arbres utiles

Aujourd'hui seulement, combien de fois as-tu utilisé un produit provenant d'un arbre ? Les arbres nous procurent du bois, du papier et des aliments, comme des fruits, des noix, du cacao et du sirop d'érable. Plusieurs médicaments sont aussi dérivés des arbres. De plus, les arbres nous aident à respirer, car ils produisent de l'**oxygène** et absorbent du dioxyde de carbone.

L'importance des arbres

Les arbres nous protègent contre le soleil et le vent. Leurs racines retiennent la **terre végétale**. Elles préviennent ainsi l'érosion, car elles empêchent la terre d'être emportée par l'eau et le vent. Le tronc, les feuilles et les racines des arbres emmagasinent de l'eau. Ainsi, le sol ne se dessèche pas. Les arbres empêchent donc la terre qui les entoure de se transformer en désert.

Les feuilles tombées au sol pourrissent et se décomposent. Elles se transforment en humus. Cette substance riche en nutriments est nécessaire à la croissance des végétaux.

Secourir les arbres

Plus tu auras de connaissances au sujet des arbres, plus tu seras en mesure de les secourir. Se renseigner est un premier pas dans la bonne direction. Mais tu peux faire beaucoup plus.

La « pensée verte »

Tu peux contribuer à la réduction des pluies acides en persuadant les membres de ta famille de moins se servir de la voiture. Quand c'est possible, marchez, déplacez-vous à bicyclette ou en transport en commun. Lorsqu'il est vraiment nécessaire d'utiliser la voiture, faites le plus de courses possible en un seul voyage.

L'arbre familial

Un arbre peut devenir un membre de ta famille ! Il suffit de planter un arbre dans ta cour ou dans un parc. Donne-lui ensuite un nom, puis surveille bien sa croissance. Tu peux aussi faire une collecte de fonds pour adopter une section de la forêt tropicale. L'argent ainsi recueilli aidera à protéger des centaines et même des milliers d'arbres !

Le papier est précieux

Tu peux réduire la quantité de papier que tu utilises. Voici comment :

- Écris et imprime sur l'endroit et l'envers des feuilles de papier.
- À table, utilise des serviettes en tissu.
- À la maison, recycle le papier, les journaux et les boîtes.
- Achète des produits fabriqués à partir de papier recyclé.

Informe-toi !

Envoie des courriels ou des lettres aux représentants du gouvernement pour leur demander de protéger les forêts menacées de ta région. Pour t'informer au sujet des arbres et des personnes qui travaillent à leur protection, tu n'as qu'à écrire le mot « arbre » dans la fenêtre d'un moteur de recherche. Une liste des sites Internet apparaîtra alors.

Des arbres étonnants !

Certains séquoias peuvent atteindre plus de 100 mètres de hauteur et plus de 6 mètres de diamètre. Dans un parc national de la Californie se trouve un séquoia qui aurait près de 12 000 ans. Ça, c'est vraiment un vieil arbre gigantesque !

Les arbres sont des plantes étonnantes ! On peut difficilement imaginer la Terre sans leur présence. Certains arbres sont des géants venant d'une autre époque. D'autres vivent dans des conditions si difficiles qu'on a peine à croire qu'ils arrivent à survivre. Plusieurs arbres survivent grâce à leur capacité d'**adaptation** aux changements. Certains arbres peuvent même développer des branches aux propriétés répulsives, éloignant ainsi les insectes et les animaux qui voudraient s'en nourrir.

Découvre les arbres

Mène ta propre étude. Renseigne-toi au sujet des aspects surprenants des arbres. Par frottis, reproduis l'écorce de plusieurs variétés d'arbres. Pour faire un frottis, pose une feuille de papier sur le tronc d'un arbre, puis frotte-la de haut en bas avec un fusain, jusqu'à ce que des motifs apparaissent. Compare ensuite les motifs de l'écorce des arbres. Après, dessine les branches de ces arbres. En quoi sont-elles différentes ? Choisis un arbre et prends les mesures de son tronc à quelques reprises durant le mois. A-t-il toujours la même dimension ? Debout, appuie ton dos contre un arbre et essaie de sentir son énergie. Que ressens-tu ?

Rétrécir et enfler

Les scientifiques ont découvert que les arbres rétrécissent et enflent en suivant le rythme de la Lune. Ce phénomène s'apparenterait à celui des marées que cet astre provoque.

Lancer un avertissement !

Dans la savane africaine, lorsque des girafes se nourrissent d'acacia, les feuilles envoient un message d'alerte à l'arbre entier. En moins d'une demi-heure, toutes les feuilles de cet arbre, et même celles des autres acacias situés à proximité, sécrètent des liquides amers appelés tanins. Les girafes cessent alors de les manger et partent à la recherche d'autres sources de nourriture.

Des arbres assoiffés

Le baobab, un arbre poussant en Afrique et au nord de l'Australie, peut emmagasiner jusqu'à 1 000 litres d'eau dans son tronc !

La vie aux dépens des autres

Les arbres poussent en si grand nombre dans la forêt tropicale que certains d'entre eux ont développé des moyens pour s'y faire une place. Le banian illustré à droite, ou figuier étrangleur, est un arbre parasite. Ses graines n'ont pas besoin de tomber au sol pour germer. Elles n'ont qu'à atterrir sur un autre arbre, appelé arbre hôte, pour entreprendre leur germination. Au fur et à mesure que le figuier pousse, ses racines entourent progressivement l'arbre hôte et descendent jusqu'au sol. Quand le figuier étrangleur est bien ancré dans le sol, il emprisonne l'arbre hôte dans un réseau de racines et de branches qui finissent par le tuer.

Glossaire

adaptation   Série de transformations permettant à un organisme de mieux s'ajuster à son environnement

chaîne alimentaire   Système dans lequel un être vivant mange et est mangé; par exemple, un lapin mange une plante, et il se fait ensuite manger par un renard

disamare   Ensemble de deux samares; fruit ailé double comme en produit l'érable, par exemple

étamine   Partie de la fleur qui produit le pollen

fécondation   Processus par lequel le pollen est déposé sur un ovule en vue de produire une graine

forêt mature   Forêt abritant des arbres et des plantes ayant atteint leur plein développement

forêt tropicale humide   Toute forêt située près de l'équateur, où la pluie est abondante

gaz carbonique   Gaz présent dans l'atmosphère, résultant de la combinaison du carbone et de l'oxygène

nectar   Liquide sucré se trouvant dans les fleurs d'une grande variété de végétaux

oxygène   Gaz qui constitue l'air et qui est nécessaire à la survie des êtres humains et des animaux

parasite   Organisme végétal ou animal qui vit aux dépens d'un autre être vivant

pollen   Poudre fabriquée par les étamines des fleurs et servant à produire d'autres fleurs

prédateur   Animal qui chasse d'autres animaux pour s'en nourrir

reboisement   Processus par lequel les arbres qui ont été abattus sont remplacés par de nouveaux

sécheresse   Absence prolongée de pluie

terre végétale   Couche superficielle du sol

Index